Sharu Vinayak

Um sistema de recomendação personalizado baseado em redes sociais: MOVBOK

Sharu Vinayak

Um sistema de recomendação personalizado baseado em redes sociais: MOVBOK

ScienciaScripts

Imprint

Any brand names and product names mentioned in this book are subject to trademark, brand or patent protection and are trademarks or registered trademarks of their respective holders. The use of brand names, product names, common names, trade names, product descriptions etc. even without a particular marking in this work is in no way to be construed to mean that such names may be regarded as unrestricted in respect of trademark and brand protection legislation and could thus be used by anyone.

Cover image: www.ingimage.com

This book is a translation from the original published under ISBN 978-620-2-05703-5.

Publisher:
Sciencia Scripts
is a trademark of
Dodo Books Indian Ocean Ltd. and OmniScriptum S.R.L publishing group

120 High Road, East Finchley, London, N2 9ED, United Kingdom
Str. Armeneasca 28/1, office 1, Chisinau MD-2012, Republic of Moldova, Europe
Printed at: see last page
ISBN: 978-620-7-75366-6

ÍNDICE DE CONTEÚDOS:

CAPÍTULO 1

INTRODUÇÃO

Este capítulo inclui a visão geral dos sistemas de recomendação, os componentes dos sistemas de recomendação, as abordagens dos sistemas de recomendação, as aplicações dos sistemas de recomendação, as métricas de avaliação dos sistemas de recomendação, as deficiências dos sistemas de recomendação, as questões de investigação em sistemas de recomendação e a organização da tese.

1.1 Descrição geral

"Os sistemas de recomendação são definidos como dispositivos e métodos de software que sugerem uma lista de itens que podem ser úteis para o utilizador. "

Em meados da década de 90, assistiu-se à evolução dos sistemas de recomendação (RS) como ferramentas e técnicas que ajudam a filtrar o conjunto de informações mais relevantes de um grande conjunto de informações disponíveis. Ao longo da última década, os sistemas de recomendação [1] tiveram uma receção generalizada e atraíram cada vez mais o interesse do público, abrindo assim caminho para novas oportunidades de venda no comércio eletrónico [2]. Por exemplo, a Amazon.com, um popular sítio de comércio eletrónico, conseguiu utilizar uma gama substancial de tipos distintos de sistemas de recomendação. A recuperação e a filtragem de informação são os domínios mais destacados. A recuperação de informação (RI) surgiu como um domínio de investigação na década de 1950 e tem como objetivo fazer corresponder automaticamente as necessidades de informação de um utilizador a um conjunto de informações.

A RS é um conceito antigo que tem feito parte da sociedade de uma forma ou de outra, quer se trate de formigas que recomendam a outras formigas o melhor caminho deixando marcas ou de homens das cavernas que se recomendam uns aos outros sobre os locais mais adequados para encontrar comida; ou de algumas áreas de investigação inter-relacionadas como a recuperação e filtragem de informação ou a extração de dados ou a aprendizagem automática. Com a proliferação do tempo e da tecnologia, o conceito de recomendação de coisas cresceu drasticamente, ou seja, desde recomendar a alguém o local para caçar alimentos nos séculos passados até recomendar às pessoas restaurantes, lojas, música, filmes, etc.

O conceito de recomendação pode ser relacionado com o processo de tomada de decisão, como por exemplo, que produto comprar, que filme ver ou que livro ler. Um produto pode estar relacionado com algo que a RS está a recomendar a um utilizador. Em geral, os sistemas de recomendação lidam com um único domínio, por exemplo, CDs, filmes, livros, etc., em que cada recomendador tem uma técnica, uma interface de utilizador, um design, etc. diferentes.

1.2 Componentes do sistema de recomendação

Um sistema de recomendação é constituído por cinco componentes básicos, como se mostra na Fig. 1.1.

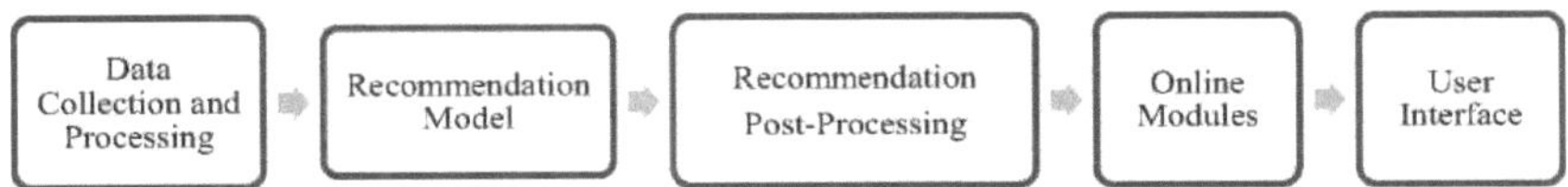

Fig. 1.1 Componentes do sistema de recomendação

1.2.1 Recolha e tratamento de dados

Os sistemas de recomendação baseiam-se completamente nos dados para analisar os gostos dos utilizadores e fazer previsões em conformidade. Por isso, vale a pena investir mais tempo na recolha e no processamento de dados. O principal objetivo deste componente é recolher dados e, em seguida, limpá-los e formar a forma mais generalizada possível de dados, porque a qualidade das recomendações produzidas é diretamente proporcional à qualidade dos dados de entrada.

1.2.2 Modelo de recomendação

Inegavelmente, o modelo de recomendação é o componente central de qualquer RS que produza recomendações para os utilizadores. Não só reúne os dados do utilizador, como os seus gostos e desgostos e os detalhes sobre os itens, mas também prevê a lista de itens que podem interessar ao utilizador. De longe, uma enorme quantidade de trabalho neste domínio tem sido feita sobre este componente crucial do RS.

1.2.3 Pós-processamento de dados

Antes de apresentar as recomendações aos utilizadores, é necessário proceder a um pós-processamento. Neste momento, as recomendações precisam de ser filtradas e reorganizadas em conformidade. O principal objetivo deste componente é fazer com que as recomendações pareçam mais sensatas.

1.1.1 Módulos online

É ainda utilizado um conjunto de módulos em linha para servir e acompanhar a utilização das recomendações pós-processadas. Nesta fase, são tomadas decisões sobre o que deve ser armazenado nos registos, tanto para comunicar o desempenho do sistema como para aprender com a sua utilização e interacções.

1.1.2 Interface do utilizador

O último componente de um RS desempenha um papel crucial, uma vez que é o meio através do qual as recomendações produzidas são tornadas visíveis para os utilizadores. Este componente define não só o que um utilizador pode ver, mas também a forma como o utilizador pode interagir com o recomendador. A utilidade de uma RS é altamente afetada pelo tipo de interface do utilizador que está a ser concebida. Por exemplo, fazer com que os utilizadores compreendam como e porque é que um item lhes é recomendado pode ser uma boa prática para uma RS.

Os componentes acima mencionados podem ser desenvolvidos paralelamente ou sequencialmente, dependendo do tipo de estrutura que convém ao programador, à sua equipa e aos objectivos do sistema.

1.3 Abordagens de recomendação

A secção anterior apresentou uma introdução básica sobre a RS, esta secção fornecerá uma visão um pouco mais detalhada sobre as várias abordagens de recomendação que são a espinha dorsal destes sistemas e ajudam a fornecer recomendações relevantes aos utilizadores.

1.3.1 Filtragem baseada em conteúdo (CBF)

A abordagem de recomendação mais primitiva é a abordagem baseada no conteúdo, que utiliza o histórico e os detalhes do perfil do utilizador para fazer recomendações de itens ou produtos semelhantes aos já vistos ou preferidos pelo utilizador no passado.

A semelhança entre os itens disponíveis no conjunto de dados e aqueles que o utilizador preferiu no passado é calculada considerando o número de características semelhantes entre eles.

Para compreender melhor este conceito, tomemos como exemplo o site mais popular *"youtube.com"*, se um utilizador, Aanchal, tiver pesquisado e gostado de um vídeo sobre O Livro da Selva, ser-lhe-á recomendada uma lista de vídeos com características semelhantes às do vídeo que gostou.

O Personalized Recommender System (PRS) é um exemplo de um CBF que compara o perfil do utilizador com as características de cada documento disponível nas colecções para fazer recomendações.

A Fig. 1.3 apresenta um esquema de um sistema de recomendação baseado em conteúdos.

1.3.2 Filtragem colaborativa (FC)

Estes sistemas seguem a ideologia da correlação entre as pessoas. Centram-se nos gostos das pessoas e, se duas ou mais pessoas têm os mesmos gostos num domínio, assumem que também podem ter gostos semelhantes noutro domínio. A semelhança pode ser calculada utilizando diferentes parâmetros, como o comportamento de navegação dos utilizadores e as classificações. Por exemplo, há duas amigas, a Mia e a Naina; ambas gostam de comer pizzas e de ir ao metro, e a Naina também gosta de refrigerantes, pelo que um sistema de filtragem colaborativa recomendará refrigerantes à Mia, partindo do princípio de que o seu gosto é semelhante ao da Naina.

Esta abordagem de recomendação é subclassificada da seguinte forma:

1.3.2.1 Filtragem colaborativa baseada no utilizador (UBCF):

Esta abordagem calcula a correlação entre utilizadores para fazer recomendações. O Group Lens utilizou-a pela primeira vez no seu sistema de recomendação de artigos na rede. Também designada por abordagem de recomendação baseada na memória, baseia-se em classificações anteriores dadas pelo utilizador ativo e num conjunto de utilizadores com gostos e histórico de classificações semelhantes, a fim de assumir itens que possam interessar ao utilizador ativo.

1.3.2.2 Filtragem colaborativa baseada em itens (IBCF):

Esta abordagem calcula a correlação entre os itens e é uma das técnicas de recomendação mais populares e amplamente utilizadas. A semelhança entre os padrões de classificação é considerada em vez da semelhança entre os utilizadores. Também designada por técnica de recomendação baseada em modelos, é idêntica à abordagem de recomendação baseada em conteúdos. A única diferença entre as duas é que a primeira calcula a semelhança entre os itens de acordo com os padrões de classificação do utilizador e a segunda faz recomendações com base nos itens preferidos pelo utilizador no passado.

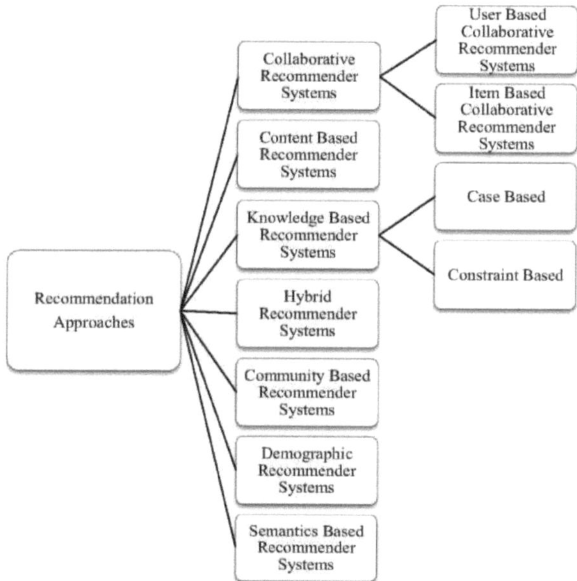

Fig. 1.2 Classificação das várias abordagens de recomendação

1.3.3 Sistemas baseados no conhecimento (SBC)

Estes sistemas de recomendação são de tipo especial e são utilizados quando nem o CBF nem o CF podem ser aplicados. Estes sistemas seguem a ideologia "sugira-me itens que se adaptem às minhas necessidades". O conhecimento específico do domínio é tomado em consideração para fazer recomendações ao utilizador, ou seja, os requisitos do utilizador são obtidos e depois comparados com a base de conhecimentos de um determinado domínio e, por fim, são recomendados os artigos mais congruentes e pragmáticos, tendo em conta as preferências do utilizador. Por exemplo, se uma pessoa A visitar um sítio de compras em linha com o desejo de comprar um novo telemóvel, ser-lhe-á pedido que enumere as suas necessidades, com base nas quais o sistema lhe recomendará o produto mais adequado que satisfaça as suas necessidades e que seja considerado o produto mais adequado para o utilizador. O SBC pode ainda ser classificado como:

1.3.3.1 SBC baseado em restrições:

Estes sistemas fazem recomendações a um utilizador com base nos seus requisitos e explicam também a razão pela qual essa recomendação foi feita.

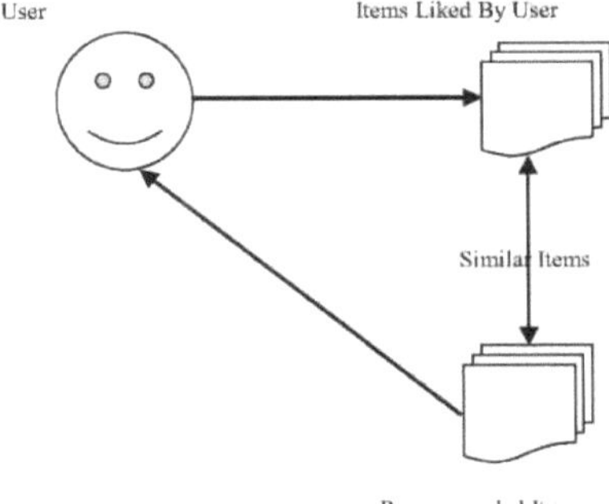

Fig. 1.3 Sistema de recomendação baseado em conteúdos

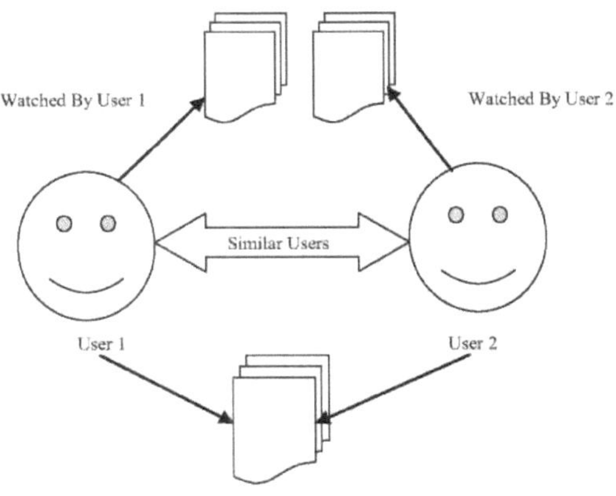

Fig. 1.4 Sistemas de recomendação com filtragem colaborativa

1.3.3.2 SBC baseado em casos:

Este tipo de sistemas baseia-se em medidas comparáveis para obter produtos que correspondam às necessidades do cliente e até que ponto.

1.3.4 Sistemas de recomendação híbridos (HRS)

Estes sistemas têm por objetivo ultrapassar as deficiências de uma abordagem, combinando-a com outra abordagem. A combinação mais comummente utilizada é a de CBF e CF. Os HRS podem ainda ser classificados da seguinte forma:

1.3.4.1 Abordagem híbrida ponderada

A recomendação única é produzida através da integração das pontuações/votos de várias técnicas de recomendação.

1.3.4.2 Abordagem híbrida de comutação

Para fazer recomendações, o sistema alterna entre várias competências de recomendação em função da situação atual.

1.3.4.3 Abordagem híbrida mista

As recomendações feitas a partir de diferentes técnicas de recomendação são apresentadas em simultâneo.

1.3.4.4 Abordagem híbrida de combinação de características

Utilizando várias características de diferentes algoritmos de recomendação, é formado um único algoritmo de recomendação.

1.3.4.5 Abordagem híbrida em cascata

As recomendações feitas por um recomendador são filtradas por outro recomendador.

1.3.4.6 Aumento de funcionalidades Híbrido

O resultado de uma técnica de recomendação é a entrada para outra técnica de recomendação.

1.3.4.7 Abordagem híbrida de meta-nível

O modelo aprendido com um recomendador é utilizado como entrada para o outro.

1.3.5 Sistemas Demográficos de Recomendação (DRS)

Estes sistemas, também conhecidos como sistemas de recomendação com conhecimento da localização, baseiam-se na localização do utilizador. A região demográfica do utilizador é tomada em consideração para fazer recomendações. Por exemplo, no caso de sítios de compras electrónicas como Amazon.com e Ebay.com, o utilizador tem de selecionar a região a que pertence para uma melhor utilização. Consequentemente, serão feitas recomendações ao utilizador de acordo com os produtos disponíveis na região selecionada pelo utilizador.

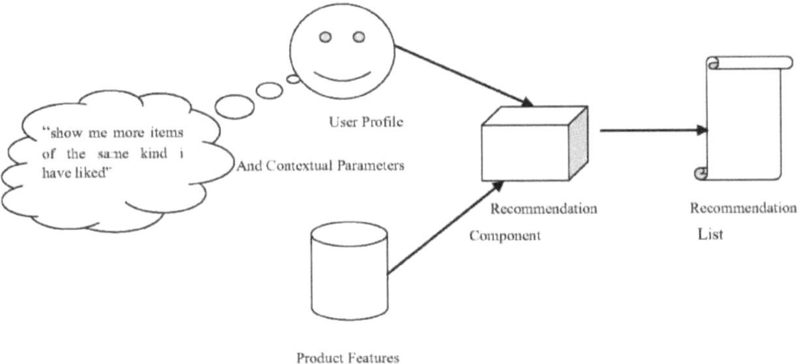

Fig. 1.5 Sistema de recomendação baseado no conhecimento

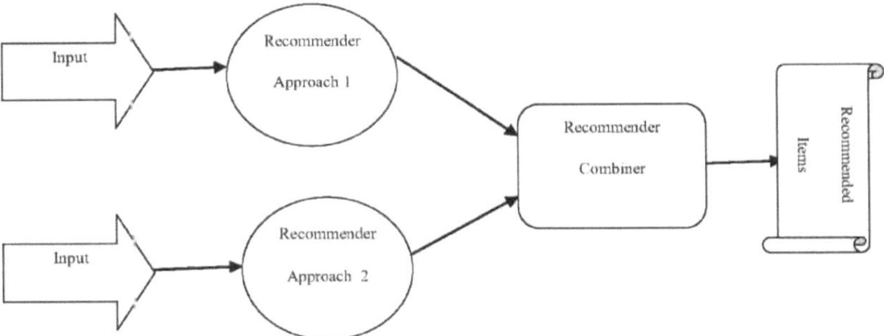

Fig.1.6 Sistema HíbridoRecomendador

1.3.6 Sistemas de base comunitária (SBC)

As recomendações feitas por estes sistemas baseiam-se nos favoritos dos amigos do utilizador, ou seja, ao contrário de outras abordagens de recomendação como o CF, em que as recomendações são feitas com base na semelhança entre utilizadores (amigos ou aleatórios), nestes sistemas as recomendações são inteiramente baseadas na semelhança do utilizador com os seus amigos. Estes sistemas são uma boa solução para a "crise do arranque a frio".

1.3.7 Sistemas baseados na semântica (SBS)

Esta abordagem de recomendação ajuda a obter resultados de recomendação mais exactos e pode ser de grande ajuda para os vendedores de vários produtos e serviços, elevando os níveis de satisfação dos clientes.

Um bom exemplo desta abordagem são os sistemas de perguntas frequentes que a utilizam para obter respostas correctas e perguntas correctas.

1.3.8 Abordagem multilingue (CLA)

Esta abordagem de recomendação faz recomendações ao utilizador com base no cruzamento de línguas, ou seja, as descrições dos itens recomendados aos utilizadores estão em línguas que não são faladas nem compreendidas pelos utilizadores.

Os prós e contras das várias abordagens de recomendação são enumerados no Quadro 1.1

1.4 Aplicações dos sistemas de recomendação

Seguem-se as áreas de aplicação dos sistemas de recomendação:

1.4.1 Entretenimento

Os sistemas de recomendação não só ganharam uma grande popularidade no domínio do entretenimento, como também têm sido um enorme sucesso. Desde filmes a música e programas de televisão, os sistemas de recomendação têm sido capazes de deixar um impacto duradouro. Alguns exemplos de RS no sector do entretenimento são MovieLens.com, Netflix, Pandora, Last.fm, etc. Normalmente, as abordagens de filtragem colaborativa e de filtragem baseada em conteúdos são exploradas nestas RS. Por exemplo, o MovieLens.com, um popular RS de cinema, recomenda filmes ao utilizador com base no género mais apreciado pelo utilizador e também tem em consideração a semelhança entre as preferências de dois utilizadores que podem permanecer as mesmas no futuro. No seu trabalho, os autores [4] propõem um programa de TV inteligente e social que colabora as set-top boxes de TV com a Internet e várias características da web2.0. Além disso, no seu trabalho, para conquistar a confiança do utilizador e exaltar a sua gratificação, os autores tentaram também explicar as recomendações.

1.4.2 Redes sociais

No mundo atual, os sítios de redes sociais ganharam imensa popularidade e tornaram-se parte integrante da vida das pessoas. As pessoas não só se mantêm ligadas umas às outras, como também têm em conta o que os seus familiares, amigos, etc., estão a fazer nas suas vidas. Facebook.com, Twitter.com, MysSpace.com, instagram.com, etc. são algumas das redes sociais mais populares em todo o mundo. Estes sítios fazem recomendações com base em amigos comuns, ou seja, pessoas que se conhecem, páginas semelhantes às que já se gosta, etc.

As etiquetas de utilizador, a taxa de cliques e o comportamento de navegação são tidos em consideração para fazer recomendações.

1.4.3 Conteúdo

A recomendação personalizada de jornais, documentos, páginas Web, aplicações de aprendizagem eletrónica e filtros aplicados a mensagens de correio eletrónico são alguns exemplos de RS baseados em conteúdos. Há mais de uma década que a aprendizagem eletrónica ganhou popularidade nos estabelecimentos de ensino. As preferências dos utilizadores e as suas actividades de aprendizagem são pontos de consideração para estes sistemas que visam recomendar-lhes material de aprendizagem.

1.4.4 Serviços

Os serviços de encontros, os serviços de viagens, os especialistas para consulta, as casas para alugar, etc., fazem parte do RS baseado em serviços. Os sítios de encontros recomendam uma lista de pessoas que correspondem à lista de preferências dos utilizadores. O turismo eletrónico é também um exemplo de RS baseada em serviços que faz recomendações aos turistas sobre os locais que vale a pena visitar com base no local para onde o utilizador se desloca. Para tornar mais fácil e conveniente, estes sistemas são agora concebidos sob a forma de aplicações móveis.

1.4.5 Comércio eletrónico

O comércio eletrónico tem sido uma das áreas de aplicação mais populares e preferidas dos investigadores de RS. Existe uma grande lista de RS desenvolvidas neste domínio. A RS centra-se não só em prestar assistência em linha aos clientes, mas também em acompanhar o feedback e as classificações dos utilizadores para fazer recomendações eficazes. Por exemplo, os utilizadores classificam as aplicações que descarregam através da loja Google Play, que por sua vez faz recomendações a outros utilizadores utilizando essas classificações. As recomendações em sítios como Amazon.com, Nykaa.com, Filpkart.com, etc. aparecem como "pessoas que também compraram", "compras principais", "mais visitados", etc.

A Tabela 1.2 apresenta vários exemplos de sistemas de recomendação de acordo com as abordagens por eles utilizadas.

1.5 Métricas de avaliação de sistemas de recomendação

Nesta secção, são discutidos vários parâmetros que permitem avaliar o desempenho de um RS:

1.5.1 Exatidão

A raiz do erro quadrático médio (RMSE) e o erro absoluto médio (MAE) são dois parâmetros utilizados para avaliar a exatidão de um RS. Ambos os parâmetros correspondem a um valor de relatividade entre as classificações previstas e as classificações efectivas.

$$RMSE=\sqrt{\frac{1}{n}\Sigma_{u,i}(p_{u,i-}r_{u,i})^2} \tag{1}$$

$$MAE=\frac{1}{n}\Sigma_{u,i}|p_{u,i}-r_{u,i}| \tag{2}$$

Onde,

n- é o número de classificações

$p_{u,i}$- classificações previstas

$r_{u,i}$- classificações efectivas

A exatidão aumenta com a diminuição do valor de ambos os parâmetros.

1.5.2 Cobertura

[5] diz que quanto maior for a cobertura de um RS maior é a porção de itens que estão a ser recomendados. A cobertura da RS é calculada por:

$$Coverage=\frac{N_d}{N} \tag{3}$$

Aqui,

Nd é o número de objectos distintos

N é o número total de objectos

1.5.3 Precisão

Esta métrica é o valor de retidão que determina a parte dos itens recomendados de todos os itens disponíveis.

$$Precision=\frac{|(relevant\ documents)\cap(reterieved\ documents)|}{|reterieved\ documents|} \tag{4}$$

1.5.1 Recordar

Esta métrica é o valor de plenitude que determina a quantidade de artigos úteis recomendados de entre todos os artigos úteis.

$$\text{Recall} = \frac{|(\text{relevant documents}) \cap (\text{reterieved documents})|}{|\text{relevant documents}|} \quad\quad (5)$$

Um gráfico traçado entre a precisão e a recuperação é conhecido como gráfico de precisão-recuperação e a curva formada é designada por ROC.

1.6 Deficiências dos sistemas de recomendação

Nos últimos anos, foram efectuadas muitas investigações no domínio da RS, mas ainda existem alguns problemas que precisam de ser resolvidos. Seguem-se as deficiências da RS:

1.6.1 Crunch de arranque a frio

Este problema é enfrentado no caso de novos utilizadores ou de itens que tenham sido adicionados ao sistema recentemente. Assim, uma crise de arranque a frio pode ser subclassificada como uma crise de arranque a frio de um novo utilizador e uma crise de arranque a frio de um novo item.

A elaboração de recomendações torna-se muito difícil quando, nos sistemas de recomendação baseados em conteúdos, quando um utilizador começa a utilizar um sistema, é menor a quantidade de informação disponível sobre os seus gostos e aversões, surgindo a crise do arranque a frio do novo utilizador, e quando, na filtragem colaborativa, o sistema testemunha a adição de um novo item e tem poucas ou nenhumas classificações dos utilizadores, surge a crise do arranque a frio do novo item.

1.6.2 Esparsidade

O significado diciorarizado do termo esparsidade é dispersão. No domínio da RS, este termo significa irregularidade, insuficiência e variações nas classificações dos utilizadores. Este é um dos maiores problemas encontrados por várias RS. As RS enfrentam esta questão devido à indisponibilidade de classificações de utilizadores em grande número para itens que tornam as classificações disponíveis dispersas.

Por exemplo, quando se pede a um utilizador que classifique uma aplicação móvel, ele dificilmente se dá ao trabalho de classificar uma aplicação e, se o faz, ou a classifica positivamente ou a classifica como insatisfatória, o que resulta numa dispersão das classificações. Os sistemas de filtragem colaborativa enfrentam este problema com bastante frequência, uma vez que utilizam as classificações dos utilizadores para fazer recomendações.

1.6.3 Escalabilidade

A escalabilidade de uma RS define o nível de eficiência de um sistema, ou seja, a eficiência com que o sistema funciona quando a quantidade de dados nesse sistema aumenta. Quando os conjuntos de dados são pequenos, a RS funciona de forma muito eficiente, mas pode ser muito difícil lidar eficazmente com conjuntos de dados do mundo real que crescem muito.

Embora estejam disponíveis vários algoritmos para o mesmo efeito, os resultados obtidos não são satisfatórios.

1.6.4 Privacidade

A privacidade é uma das questões mais cruciais enfrentadas na RS, porque a RS obtém uma quantidade razoável de informações do utilizador, conforme exigido por eles, a fim de fazer recomendações boas e úteis. Mas, muitas vezes, pode afetar a privacidade do utilizador, uma vez que o sistema pode obter demasiada informação do utilizador do que a necessária. A privacidade dos utilizadores está em jogo na RS porque é mais fácil para os utilizadores maliciosos acederem a ela.

1.6.5 Sobre-especialização

Este problema é enfrentado no caso de RS baseados em conteúdos que podem fazer tipos semelhantes de recomendações para o utilizador com base nas suas preferências passadas. Isto pode resultar numa diminuição da taxa de diversidade e das possibilidades de encontrar algo novo para o utilizador.

1.7 Questões de investigação em sistemas de recomendação

Tudo neste mundo tem os seus prós e contras, como se costuma dizer, nada é perfeito, o mesmo acontece com os sistemas de recomendação. Este domínio de investigação em rápido crescimento tem uma lista de questões de investigação que ainda têm de ser trabalhadas, algumas das quais são as seguintes

1.7.1 Recomendações entre domínios:

Os sistemas atualmente disponíveis podem ser úteis na aprendizagem de preferências relacionadas com um domínio, mas os mesmos algoritmos podem não funcionar tão eficazmente em termos de outros domínios.

Por exemplo, que bom seria se os filmes fossem recomendados aos utilizadores com base no seu gosto por livros. Por exemplo, se um utilizador preferir ler livros românticos em vez de livros de ficção, ser-lhe-á recomendada uma lista de filmes românticos que poderá gostar de ver.

Quadro 1.1 Prós e contras de várias abordagens de recomendação

Approach	Pros	Cons
Content Based Filtering	Abundant availability of the numbers of users and ratings help provide better results. Knowledge engineering is not required.	Issues like cold start problem and sparsity are faced both in case of new users as well as lack of data availability
Collaborative Filtering	It doesn't reckon users preferences. It is possible to do comparison between items.	Making valid recommendations is a little difficult in cases where the user has made number of purchases or has varying tastes. Cold start crunch in case of newly added users.
Knowledge Based Recommender Systems	Arbitrated results. No cold start problem is faced in case of new users. Irrefutable quality.	Costly because of acquiring knowledge from different sources. Static in nature.
Community Based Systems	Data acquisition is related to users social relations and therefore is simple and comprehensive.	Recommendations made by such systems are not necessarily accurate.

1.7.2 Recomendação baseada em restrições:

No domínio da recomendação, o maior número de estudos de investigação centra-se em entidades do mundo virtual, como filmes, música, jogos, etc., em que o mesmo item pode ser recomendado um número n de vezes. Mas o caso não é o mesmo no mundo real, por exemplo, recomendar um bom bar a um número n de pessoas superior ao que pode acolher pode criar um caos e pode também resultar na degradação dos seus serviços

Fazer recomendações em domínios em que o número de itens é limitado é um grande desafio no domínio da RS.

1.7.3 Recomendações do grupo

No cenário atual, as recomendações para um grupo são feitas através do cálculo de recomendações individuais utilizando técnicas de recomendação típicas, cujos resultados são depois combinados utilizando um caminho inteligente. Mas estas recomendações podem não ser sempre satisfatórias, uma vez que os diferentes grupos têm dinâmicas diferentes.

1.7.4 Impacto das recomendações:

As recomendações têm um efeito grave nas tendências de classificação de um indivíduo. É escasso o trabalho de investigação sobre a forma como as preferências dos utilizadores são afectadas pelas recomendações.

1.7.5 Recomendação e redes sociais:

As redes sociais e as recomendações são um tema de investigação que se tornou popular nos últimos tempos. É bastante interessante melhorar o processo de recomendação integrando nele as características das redes sociais. Muitas empresas, especialmente os sítios de comércio eletrónico, estão a utilizar bem estas redes sociais para fazer recomendações aos utilizadores, recolhendo informações do seu perfil nas redes sociais. Pode ser recomendado a um utilizador X um artigo no eBay.com com base nos artigos preferidos pelos meus amigos nas redes sociais.

Isto demonstra que as preferências dos utilizadores não só são dinâmicas, como também são interdependentes da rede.

O principal desafio é conceber modelos de recomendação no contexto das redes sociais.

1.7.6 Recomendação consciente do contexto:

Com o grande crescimento da utilização de dispositivos móveis, uma grande quantidade de informações contextuais, como a localização, a atividade atual, etc., é divulgada pelos próprios utilizadores. As informações em tempo real, fornecidas por estes sistemas, são simultaneamente uma oportunidade e um desafio para uma RS.

Tabela 1.2 Sistemas de recomendação de acordo com a abordagem utilizada.

Approach	Application Area	Examples
Content Based Approach	Social Networks	Facebook
	Music	Pandora
	E-commerce	Amazon.com
	Digital Library	Citeseer, Docear, Techlens
	Videos	Hulu
	Entertainment	TasteKid
Collaborative Filtering Approach	Social Networks	Facebook, Twitter, LinkedIn
	Music	Last.fm
	Movie	MovieLens, ReeL,com
	E-commerce	Amazon.com, eBay
	Digital Library	Citeseer, Techlens
	Videos	Hulu
	Entertainment	Jester, TiVo
Personalized Recommendations	Social Networks	MySpace
	Videos	Youtube
Behaviour Based Recommendations	Music	MyStrands
Hybrid Recommendations	Movie	Netflix
Demographic Recommendations	E-commerce	EBay

1.7.7 Recomendação e privacidade:

A privacidade é uma das principais preocupações no domínio das RS. É necessário desenvolver modelos que possam garantir a privacidade para diferentes concepções de RS. Um aspeto importante que precisa de ser compreendido para conceber sistemas tendo em conta a preocupação com a privacidade é o compromisso entre a usabilidade e os termos de privacidade de uma RS.

1.7.8 Recomendação como Encaminhamento Inteligente de Tarefas:

Esta questão de investigação centra-se no imenso crescimento das comunidades em linha que tentam atrair novos utilizadores. Por exemplo, a Wikipédia, um sítio Web que fornece informações sobre quase tudo, está atualmente a tentar atrair novos editores.

1.8 Organização do relatório

Capítulo 1 apresenta uma breve introdução às RSs e aborda outros aspectos relacionados com as mesmas.

Capítulo 2 constitui a pesquisa bibliográfica efectuada. Apresenta uma panorâmica detalhada dos trabalhos de investigação referidos até à data e das técnicas neles utilizadas. A formulação do problema foi descrita no capítulo 3, juntamente com a metodologia utilizada para o resolver. O objetivo do estudo também foi discutido neste capítulo. O trabalho efectuado e os requisitos de software e hardware utilizados para a realização do trabalho foram discutidos no capítulo 4. Os resultados obtidos após a conclusão do trabalho de investigação também foram discutidos neste capítulo. Por fim, a conclusão e o âmbito futuro do relatório são abordados no Capítulo 5.

CAPÍTULO 2

PESQUISA BIBLIOGRÁFICA

Este capítulo dá uma ideia do campo de investigação da RS e do trabalho realizado em várias áreas de aplicação.

2.1 Revisão da literatura

Esta secção apresenta uma análise pormenorizada de vários RS desenvolvidos para várias áreas de aplicação nos últimos anos.

2.1.1 Entretenimento

Os sistemas de recomendação não só ganharam uma grande popularidade no domínio do entretenimento, como também têm sido um enorme sucesso. Desde filmes a música e programas de televisão, os RS têm sido capazes de deixar um impacto duradouro. Alguns estudos de investigação relacionados com a área do entretenimento no domínio dos SR são os seguintes

Li *et al.* [6] propõe um sistema de recomendação de filmes que aplica um algoritmo de aprendizagem indutiva para efetuar recomendações. O principal objetivo deste trabalho é construir uma árvore de decisão que represente as preferências dos utilizadores em vez de calcular as semelhanças entre utilizadores ou itens Os resultados calculados mostram que a técnica proposta é uma boa solução para problemas de grande escala e também que as recomendações efectuadas são de alta qualidade.

Buchanan *et. al.* [7] centram-se nos problemas gerais de usabilidade enfrentados pelos navegadores sem fios e outros dispositivos de pequeno ecrã. Nos seus trabalhos, os autores propuseram quatro directrizes para a usabilidade do WAP, nomeadamente: acesso direto e simples; manter a navegação a um nível mínimo; reduzir a deslocação vertical; e reduzir os toques nas teclas.

Perry *et al.* [8] propuseram uma nova ideologia para o apoio à decisão na Internet, que se distingue por uma filtragem baseada em preferências que assenta na fusão dos princípios da filtragem baseada em conteúdos e da filtragem colaborativa. Além disso, no seu trabalho, os autores propuseram um algoritmo que explicaria e justificaria as recomendações.

Grant *et al.* [9] introduziram o MovieMagician que é um RS híbrido que faz recomendações baseadas em classificações quando solicitado. Captura várias características de um filme, como o género, os actores, os realizadores, etc., numa classificação de grosseria abrangente que não depende de um filme em particular. A semelhança entre dois filmes é definida pela medida em que as classificações de instanciação se sobrepõem. Por conseguinte, as características de um filme são utilizadas para calcular cliques, extrair filmes relevantes e preferências de brilho sobre várias características, gerando assim uma clarificação para um filme.

Louis Omar *et al.* [10] desenvolveram o RecomMetz, um sistema móvel de RS sensível ao contexto, no qual são recomendados aos utilizadores filmes, salas de cinema e horários de exibição. Em termos de "cold start crunch", este sistema é muito eficaz.

Pera *et al.* [11] apresentaram o GroupRem, um outro RS de filmes desenvolvido para um grupo de membros que utiliza etiquetas como alternativa às classificações dos utilizadores para captar os interesses dos utilizadores e o conteúdo dos filmes.

No seu trabalho, **Swearingen e Sinha [12] compararam** vários sistemas de RS para música em linha e forneceram algumas ideias-chave sobre os sistemas de RS que podem ajudar os projectistas que pretendem construir tais sistemas.

Li, Qing *et al.* [13] descreve uma RS musical colaborativa (CMRS) baseada num modelo probabilístico baseado em itens que classifica os itens em grupos e faz recomendações tendo em consideração a distribuição gaussiana das classificações dos utilizadores. Uma extensão do modelo proposto utiliza características de áudio para ultrapassar problemas como o preconceito do utilizador, a não associação e a crise do arranque a frio para captar com precisão as semelhanças entre os itens e, assim, melhorar as recomendações. Os autores desenvolveram originalmente este modelo para recomendações de música, mas os resultados testemunham que *também pode ser útil noutros domínios*.

Ardissono *et al.* [14] conceberam o Personal Program Guide (PPG), um sistema para TV digital que gera Guias Electrónicos de Programas personalizados. As recomendações feitas para programas de TV baseiam-se na unificação de várias técnicas de modelação do utilizador.

No seu artigo, **Winoto et al.[15]** revelam a interdependência entre os gostos dos utilizadores em relação a itens relacionados em diferentes domínios. Os autores também testaram várias técnicas de filtragem colaborativa no seu conjunto de dados para recomendações entre domínios.

2.1.2 Baseado em redes sociais

No mundo atual, os sítios de redes sociais ganharam imensa popularidade e tornaram-se parte integrante da vida das pessoas. As pessoas não só se mantêm ligadas umas às outras, como também têm em conta o que os seus familiares, amigos, etc., estão a fazer nas suas vidas. Alguns dos sítios de redes sociais mais populares são o Facebook.com, o Twitter.com, o MysSpace.com, o Instagram.com, etc. Seguem-se alguns exemplos de trabalhos de investigação que integram as redes sociais nos seus sistemas, de modo a fazer recomendações eficazes:

Yazdanfar *et al.* [16] propuseram uma RS baseada na vizinhança que faz sugestões sob a forma de URLs aos utilizadores do Twitter. Utiliza hash tags como um evocativo da relatividade do URL e algoritmos como a distância euclidiana, a similaridade cosseno, o dado e o coeficiente Jaccard para calcular a similaridade entre dois hash tags.

Zheng *et al.* [17] propuseram o EmotionChat, que é uma sala de conversação na Web com regulamentos sobre emoções. As recomendações são feitas mantendo um registo das emoções flutuantes do utilizador. Quando uma emoção negativa é detectada pelo sistema, este recomenda música e desenhos animados aos e-learners.

Dutta *et al.* [18] tem em consideração a confiança para seguir os líderes num sítio de rede social e estuda também as consequências da remoção do líder.

Puglisi *et al.* [19] estuda as consequências da falsificação de etiquetas no mundo palpável, a inter-relação entre o nível de privacidade e a qualidade depreciativa das recomendações. O trabalho mostra que a relevância das recomendações se degrada com o aumento do grau de privacidade do utilizador.

Umanets *et al.* [20] desenvolveram o GuideMe que é um guia turístico RS com interação social que consulta, divulga e recomenda vários locais turísticos. As recomendações são feitas usando a popular biblioteca apache mahout. O sistema não só permite ao utilizador consultar locais de interesse turístico como também receber recomendações de locais não vistos com base nas recomendações de outros utilizadores.

2.1.3 Baseado no serviço

Os serviços de encontros, os serviços de viagens, os especialistas para consulta, as casas para alugar, etc., fazem parte do RS baseado em serviços. Os sítios de encontros recomendam uma lista de pessoas que correspondem à lista de preferências dos utilizadores. Alguns exemplos de RS baseados em serviços são os seguintes:

Amato *et al.* [21] explora o conceito de Internet das coisas para desenvolver um museu falante que credencia os objectos presentes no museu para contar a sua história com a ajuda de recursos multimédia. Durante a visita ao museu, com base no seu interesse, o utilizador recebe as histórias dos objectos do museu no seu dispositivo móvel e, assim, planeia futuras visitas e faz recomendações de acordo com o perfil do utilizador capturado.

Wang *et al.* [22] é uma RS personalizada para o sector dos cosméticos que integra técnicas de extração de dados com as duas abordagens mais utilizadas para recomendações, ou seja, abordagens baseadas no conteúdo e colaborativas, juntamente com algoritmos de agrupamento e algoritmos de regras de associação. É utilizada uma abordagem de pontuação para determinar as preferências do utilizador.

Reddy *et al.* **[23]** criaram um pacote de viagens RS que faz recomendações de acordo com o perfil do utilizador nas redes sociais.

Zheng *et al.* **[24]** GeoLife2.0, é um serviço de rede social baseado no GPS. Este serviço permite que os utilizadores partilhem as suas experiências e se liguem uns aos outros com a ajuda dos seus históricos de localização. As recomendações personalizadas de amigos são feitas através da exploração do histórico de localização do utilizador e, em seguida, calculando a semelhança entre vários utilizadores. Os serviços deste sistema também incluem recomendações de locais que não foram visitados por um utilizador com base no seu nível de interesse nos locais visitados pelos seus amigos. Quanto maior for o nível de interesse por um local, maiores são as hipóteses de este ser recomendado ao utilizador.

2.1.4 Baseado em conteúdo

A recomendação personalizada de jornais, documentos, páginas Web, aplicações de aprendizagem eletrónica e filtros aplicados a mensagens de correio eletrónico são alguns exemplos de RS baseados em conteúdos. Há mais de uma década que a aprendizagem eletrónica ganhou popularidade nos estabelecimentos de ensino. Seguem-se alguns exemplos do mesmo:

De Nart *et al.* **[25]** é um RS baseado em conteúdos desenvolvido para bibliotecas científicas que utiliza um sistema de recomendação, explicação e erradicação de palavras-chave para fornecer informação relevante aos documentos.

Chandak *et al.* **[26]** um livro híbrido de RS que utiliza a inclinação da doutrina para a definição do perfil do utilizador, tornando o sistema mais prático. As recomendações são feitas usando algoritmos como Slope one, LSH e abordagem híbrida. A crise do arranque a frio é atenuada utilizando as características demográficas do utilizador.

Salehi *et al.* **[27]** propuseram uma abordagem de recomendação híbrida (ou seja, uma amálgama da abordagem de filtragem baseada no conteúdo e da abordagem colaborativa) baseada na modelação de componentes de aprendizagem eletrónica num espaço multidimensional, tendo em conta as características dos componentes para elevar a qualidade da recomendação.

Salter *et al.* **[28]** propuseram um agente de recomendação de filmes que expande as recomendações calculadas por filtragem colaborativa em classes distintas de conteúdo, nomeadamente actores, realizadores e géneros de filmes. Novos filmes são incluídos na lista de recomendações devido à abordagem baseada em conteúdo utilizada neste sistema. Os estudos efectuados pelos autores mostram a melhoria do nível de precisão das recomendações, que é o resultado da integração da abordagem baseada em conteúdos no sistema.

2.1.5 Comércio eletrónico

O comércio eletrónico tem sido uma das áreas de aplicação mais populares e preferidas dos investigadores de RS. Há uma grande lista de RSs desenvolvidas neste domínio. Alguns exemplos são os seguintes:

Castro *et al.* [29] desenvolveram um protótipo de portal de comércio eletrónico denominado e-Zoco, que fornece serviços como o catálogo e a seleção de produtos. A relação existente entre os atributos dos produtos que representam uma classe específica de produtos é explicada através da inclusão de um serviço de aprendizagem de conhecimentos baseado em regras.

Ya L. [30] explica uma RS personalizada, as suas várias utilizações e as diferentes tecnologias utilizadas.

Ronca *et al.* [31] apresenta um quadro de RS de comércio eletrónico flexível em que as recomendações feitas são tanto dinâmicas como flexíveis.

Schafer *et al.* [32] no seu trabalho, os autores explicam a relação entre a RS e as abordagens de pesquisa em bases de dados e também discutem o efeito da utilização da RS e as questões de privacidade perturbadas nas vendas do comércio eletrónico. O autor utiliza sítios de comércio eletrónico populares como o Amazon.com, o CDNOW, o eBay, etc., como estudos de caso.

Lang *et al.* [33] é um estudo de investigação sobre os problemas de recursos humanos enfrentados em termos de comércio eletrónico na China. O estudo salienta o facto de o aumento dos sítios de cibercomércio ter provocado uma grande diminuição dos recursos humanos.

Quadro 2.1 Resumo das abordagens utilizadas em vários estudos de investigação

Application Area	Approach/Technique Used
Entertainment	Inductive Learning Algorithm
	Preference Based Filtering By combining CBF & CF principles
	Hybrid Approach
	Context Aware RS
	Tags are used as an alternative for user ratings
	Item based probabilistic model and Gaussian distribution
	Unification of Assorted user modelling techniques
Social Network Based	Neighbourhood recommendation Approach
	Social Networks and CBF
Service Based	Internet Of Things
	Data mining techniques amalgamated with CBF and CF along with clustering algorithms and association rules
Content Based	Keyword Extraction
	LSH and Slope One
	Amalgamation of CBF and CF
E-commerce	Rule based knowledge learning

2.2 Conclusão

Depois de fazer um levantamento bibliográfico detalhado do campo da recomendação, chegámos à conclusão de que o máximo de trabalho realizado neste campo se baseia num único domínio que conseguiu, de uma forma ou de outra, propor abordagens distintas para resolver problemas de recomendação como a crise do arranque a frio e a dispersão, mas são menos numerosos os artigos ou revistas que se concentram na redução dos problemas de recomendação utilizando dados de um domínio para fazer recomendações noutro domínio. Este conceito é chamado de *recomendação de domínio cruzado*. No próximo capítulo, formulámos um problema com base no mesmo e propusemos uma metodologia para o problema formulado.

CAPÍTULO 3

FORMULAÇÃO DO PROBLEMA E METODOLOGIA PROPOSTA

Este capítulo trata do problema formulado após a revisão da literatura e da metodologia adoptada para resolver esse problema. Também se debruça sobre o objetivo e os passos seguidos para o cumprir, ou seja, a metodologia seguida.

3.1 Formulação do problema

Os sistemas de recomendação tornaram-se seguramente um domínio de investigação muito popular entre os investigadores nos últimos anos. A literatura mostra que foram efectuadas muitas investigações para estudar e melhorar vários aspectos dos sistemas de recomendação. Após uma pesquisa bibliográfica pormenorizada sobre os sistemas de recomendação, apresentam-se em seguida as áreas de investigação no domínio dos sistemas de recomendação que podem ser trabalhadas:

- Sistemas de recomendação inter-domínios
- Sistemas de Recomendação Baseados em Restrições
- Sistemas de recomendação sensíveis ao contexto
- Sistemas de Recomendação e Redes Sociais
- Recomendação e privacidade

Nesta dissertação foi formulado um problema com o título **"MOVBOK: A Personalized Social Network Based Cross Domain Recommender Systems"** que se concentra na resolução de problemas de RS como a crise de arranque a frio; e também, ao mesmo tempo, trabalha em duas questões de investigação do campo de RS, ou seja, Sistemas de Recomendação de Domínio Cruzado e RS e Redes Sociais.

3.2 Objectivos

- Trabalhar em duas das áreas de investigação no domínio das RS, ou seja, recomendação entre domínios e redes sociais.
- Para resolver o problema do arranque a frio.

3.3 Metodologia proposta

Nesta dissertação, foi proposta uma nova abordagem que trata de questões de investigação como as recomendações entre domínios e a integração das redes sociais com as RS. A arquitetura do sistema é apresentada na Fig. 3.1.

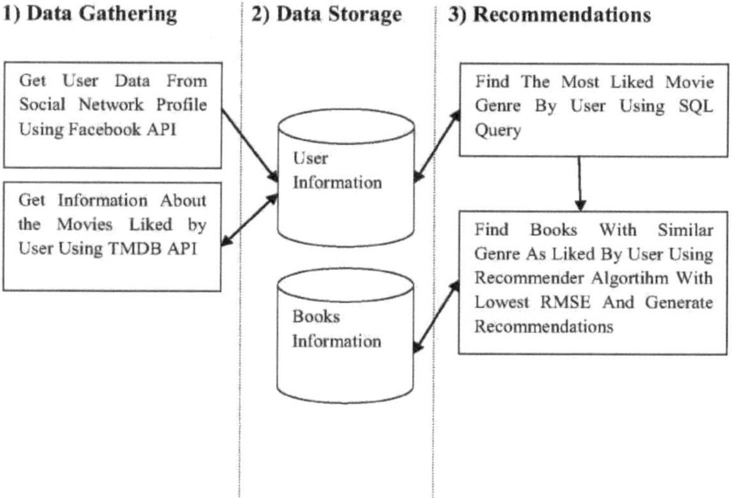

Fig.3.1 Arquitetura do sistema

Basicamente, o nosso sistema depende da API do Facebook e da API do TMDB para fornecer recomendações com êxito.

A arquitetura do nosso sistema é a apresentada na Fig. 3.1.

3.3.1   Recolha de dados:

O sistema proposto recolhe as informações do utilizador a partir do perfil da rede social utilizando a API do Facebook e as informações sobre os filmes de que o utilizador gosta são recolhidas utilizando a API do TMDB.

3.3.2   Armazenamento de dados:

Os dados recolhidos sobre o utilizador e os filmes são armazenados na base de dados. A base de dados também contém informações sobre quase 670 livros pertencentes a diferentes géneros.

3.3.3   Recomendação:

O género de filme mais apreciado pelo utilizador é encontrado através de uma consulta SQL e, em seguida, comparado com a base de dados que contém informações sobre os livros, de modo a encontrar livros que pertençam ao mesmo género que o apreciado pelo utilizador em termos de filmes.

Os 10 melhores livros são recomendados ao utilizador utilizando o coeficiente de correlação de Pearson que tem o *erro quadrático médio* mais baixo *(RMSE)*.

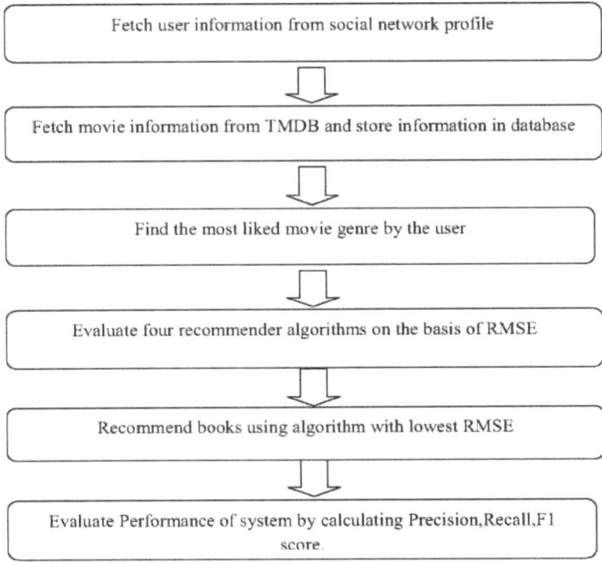

Fig. 3.2 Metodologia proposta

3.3.3.1 Avaliação dos algoritmos de recomendação

Quatro algoritmos de recomendação disponíveis no popular quadro apache mahout, ou seja, o coeficiente de correlação de Pearson, LogLikeLiHood, Tanimoto e a distância euclidiana, foram avaliados em conjuntos de teste, ou seja, conjuntos de dados de 100K, 1M e 10M do MovieLens.com (consiste em dados de classificação de filmes) disponíveis no sítio Web GroupLens.

A veracidade destes algoritmos foi calculada utilizando o RMSE, que é uma das métricas de avaliação mais populares utilizadas para avaliar a veracidade das classificações protegidas.

Tanto o MAE *(erro absoluto médio)* como o RMSE são semelhantes na sua natureza, exceto pelo facto de o RMSE dar mais ênfase ao desvio.

A Fig. 3.3 mostra as etapas de avaliação dos algoritmos de recomendação

Seguem-se os quatro algoritmos que são avaliados com base noRMSE:

- **Coeficiente de Correlação de Pearson (PCC)**

A medida de correlação linear entre duas variáveis, o valor de PCC varia de +1 a -1, sendo +1 a correlação positiva total, 0 a ausência de correlação e -1 a correlação negativa total. É amplamente utilizado nas ciências como uma medida do grau de dependência linear entre duas variáveis.

Para uma população, a PCC é dada como

$$\rho_{X,Y} = \frac{cov(X,Y)}{\sigma_X \sigma_Y} \tag{6}$$

onde,

cov é a covariância

σ_X e σ_Y são os desvios-padrão de X e Y, respetivamente.

- Coeficiente de Tanimoto

O coeficiente de Tanimoto é semelhante à similaridade de Jaccard em muitas formas, mas difere da mesma em termos de expressões matemáticas. O coeficiente de Tanimoto apresenta um "rácio de semelhança" sobre <u>mapas de bits</u>, em que cada bit de uma matriz de tamanho fixo representa a presença ou ausência de uma caraterística na planta que está a ser modelada. A definição do rácio é o número de bits comuns, dividido pelo número de bits definidos (ou seja, não nulos) em cada amostra. Matematicamente, se as amostras X e Y são mapas de bits, Xi é o *i-ésimo* bit de X, V e Π são os operadores bit a bit OR e bit a bit AND, o rácio de semelhança é dado como,

$$T_s(X,Y) = \frac{\Sigma_i(X_i \wedge Y_i)}{\Sigma_i(X_i \vee Y_i)} \tag{7}$$

- Coeficiente LogLikeliHood

A log-verossimilhança é a expressão que é maximizada de modo a determinar os valores óptimos dos coeficientes estimados (|'d.

Os valores de log-verossimilhança não podem ser utilizados isoladamente como um índice de ajuste porque são uma função do tamanho da amostra, mas podem ser utilizados para comparar o ajuste de diferentes coeficientes. Uma vez que se pretende maximizar a verosimilhança, quanto maior for o valor, melhor. Por exemplo, um valor de log-verossimilhança de -3 é melhor do que -7.

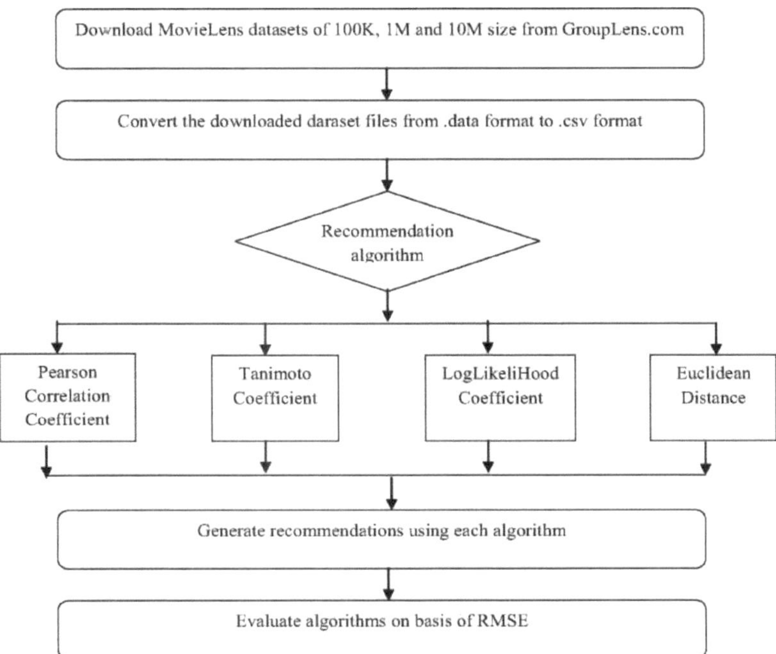

Fig 3.3 Diagrama de fluxo para avaliar os algoritmos de recomendação

- **Distância Euclidiana**

A semelhança entre dois itens ou utilizadores é calculada calculando a distância mais pequena entre os dois. A distância medida define claramente a proximidade entre eles em termos de semelhanças. Quanto mais pequena for a distância entre os artigos, maior é a sua semelhança. A distância euclidiana é dada por,

$$\text{Euclidean Distance} = \sqrt{(x_1 - y_1)^2 + (x_2 - y_2)^2 \dots\dots\dots\dots + (x_n - y_n)^2} \qquad (8)$$

CAPÍTULO 4
APLICAÇÃO E DISCUSSÃO DOS RESULTADOS

Este capítulo cobre o trabalho realizado para atingir o objetivo e os resultados obtidos. É feita uma breve descrição do processo seguido, bem como das fotografias tiradas durante todo o processo e dos resultados obtidos.

4.1 Requisitos de hardware e software

Segue-se a lista dos requisitos de hardware e software necessários para a configuração do sistema proposto.

Properties	Values
Windows	7,8,10
Processor	I3 onwards
Server	Wamp
Language	PHP

4.2 Aplicação

Neste trabalho, foi desenvolvido um RS de domínio cruzado baseado em redes sociais. Os dados sobre o utilizador e os filmes foram recolhidos utilizando APIs dos sítios Web *Facebook.com* e *TheMovieDb.com*. Os dados sobre os livros foram recolhidos manualmente utilizando várias fontes da Internet.

Foi concebida uma interface de utilizador simples, em que o utilizador tem de iniciar sessão na sua conta do Facebook, a partir da qual são recolhidas informações básicas como o nome de utilizador, a fotografia de perfil, o ID do Facebook e os filmes preferidos pelo utilizador. Além disso, com a ajuda da API TMDB, é obtida informação sobre os filmes, ou seja, o género do filme, com base na qual será recomendado ao utilizador um conjunto de livros que pertencem ao mesmo género que o mais apreciado pelo utilizador em termos de filmes.

As recomendações são feitas utilizando o coeficiente de correlação de Pearson, que tem o valor RMSE mais baixo de todos os quatro algoritmos, ou seja, o coeficiente de correlação de Pearson, a distância euclidiana, o coeficiente de Tanimoto e o coeficiente LogLikeliHood, que foram tomados em consideração.

4.2.1 Avaliação dos algoritmos de recomendação

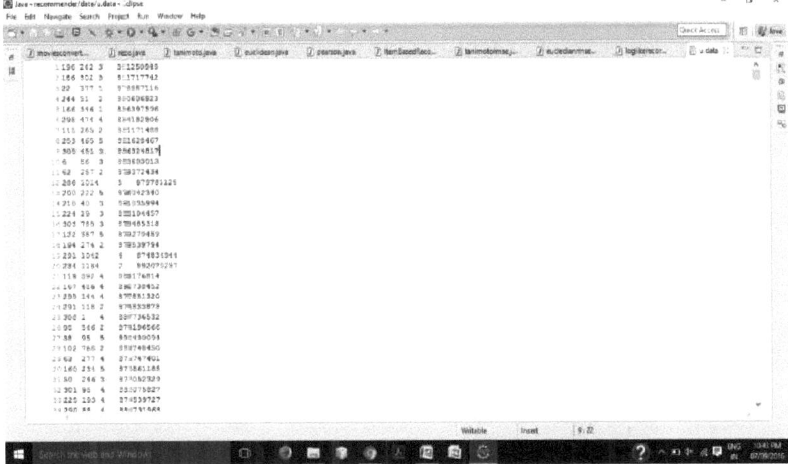

Fig. 4.1 Conjunto de dados do MovieLens em formato .data

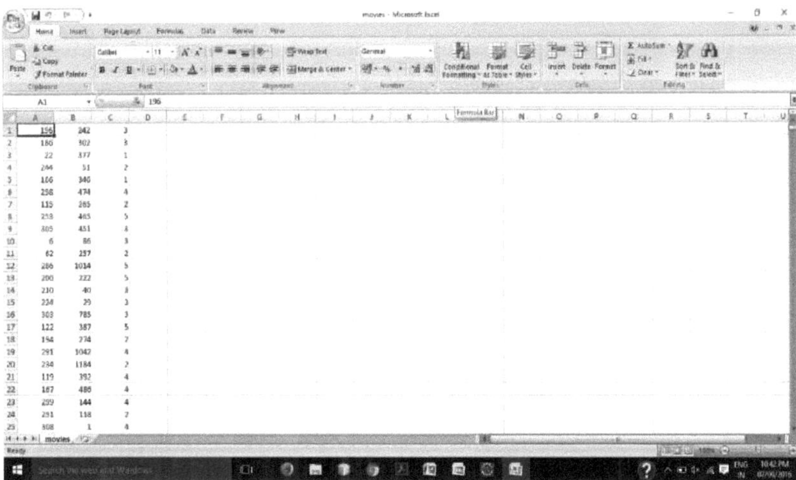

Fig. 4.2 Conjunto de dados do MovieLens em formato .csv

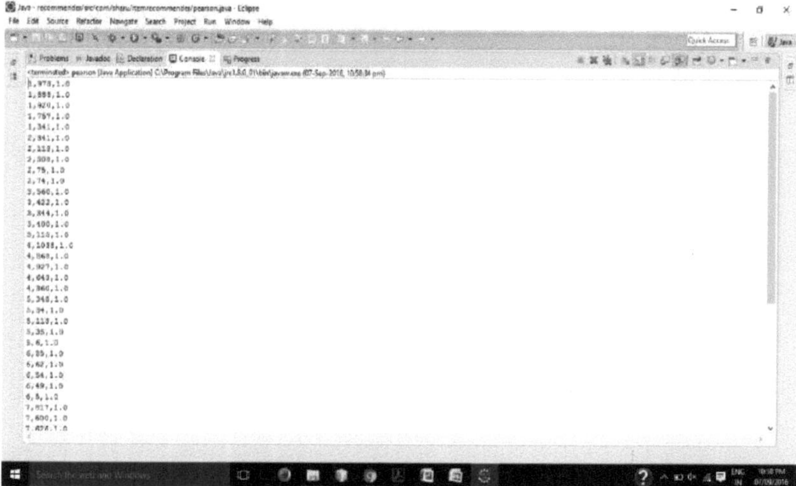

Fig. 4.3 Recomendações geradas pelo coeficiente de correlação de Pearson

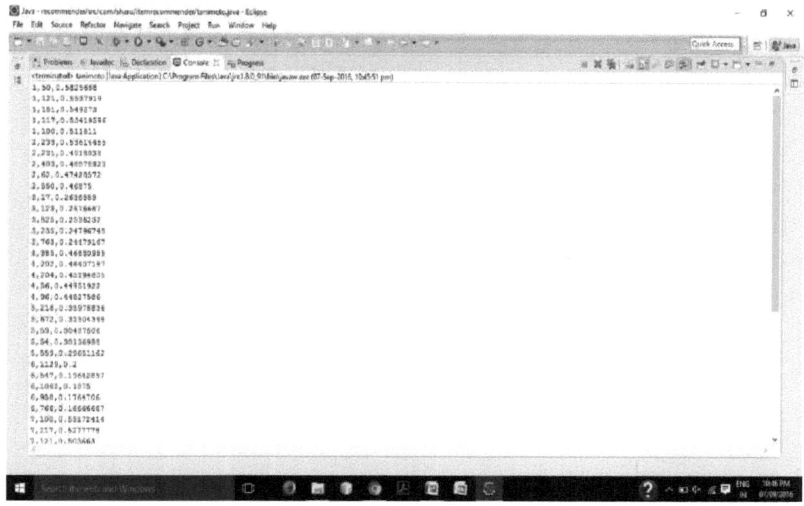

Fig. 4.4 Recomendações geradas pelo coeficiente de Tanimoto

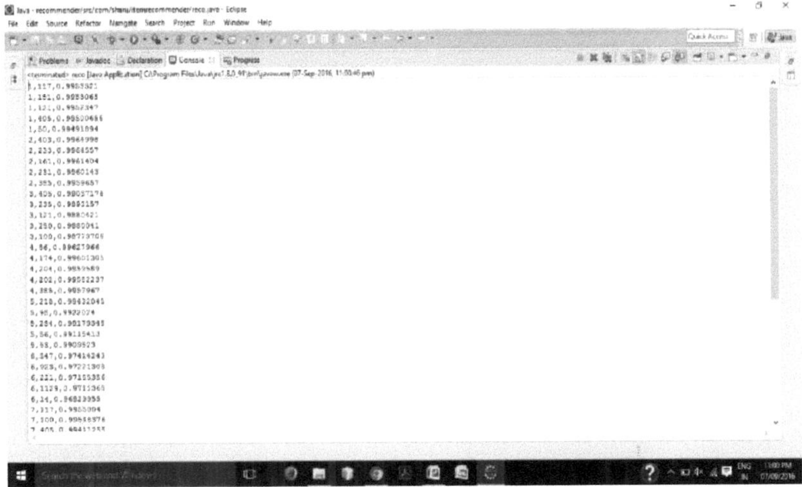

Fig. 4.5 Recomendações geradas pelo coeficiente de verosimilhança

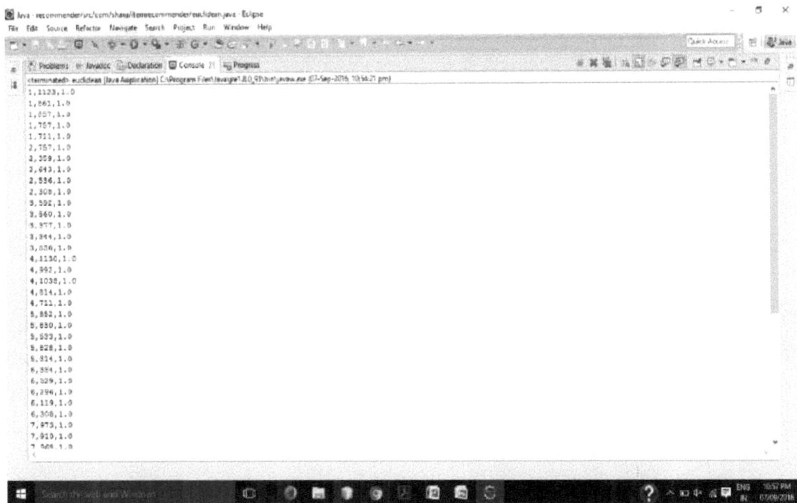

Fig. 4.6 Recomendações geradas pela distância euclidiana

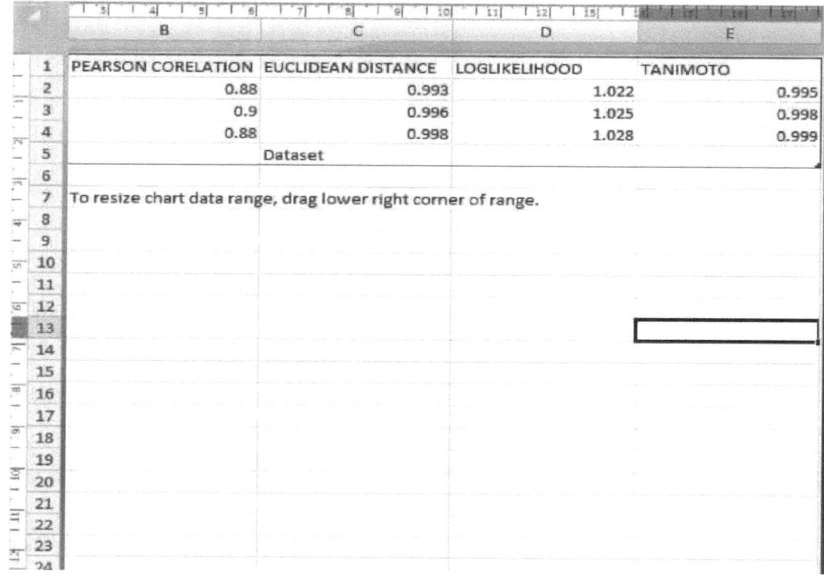

Fig. 4.7 Valores RMSE dos algoritmos para diferentes conjuntos de dados

4.2.2 Protótipo do sistema desenvolvido

Fig. 4.8 Página inicial

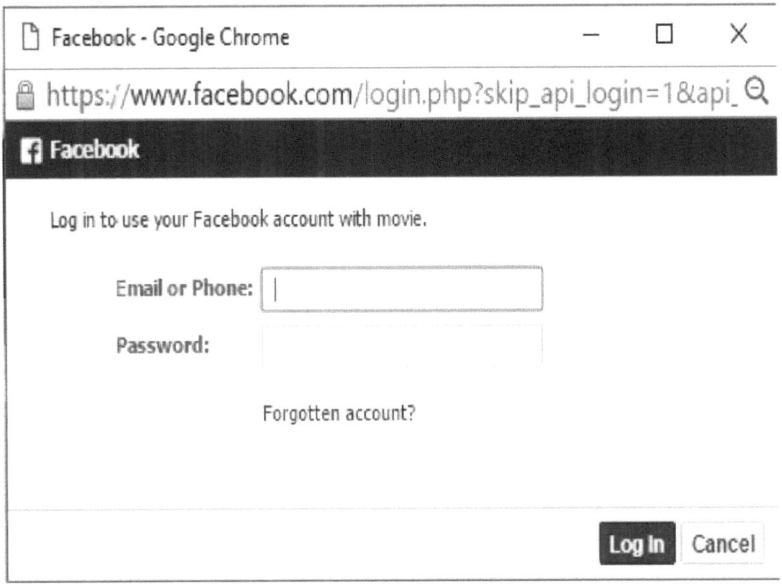

Fig. 4.9 Página de início de sessão do Facebook

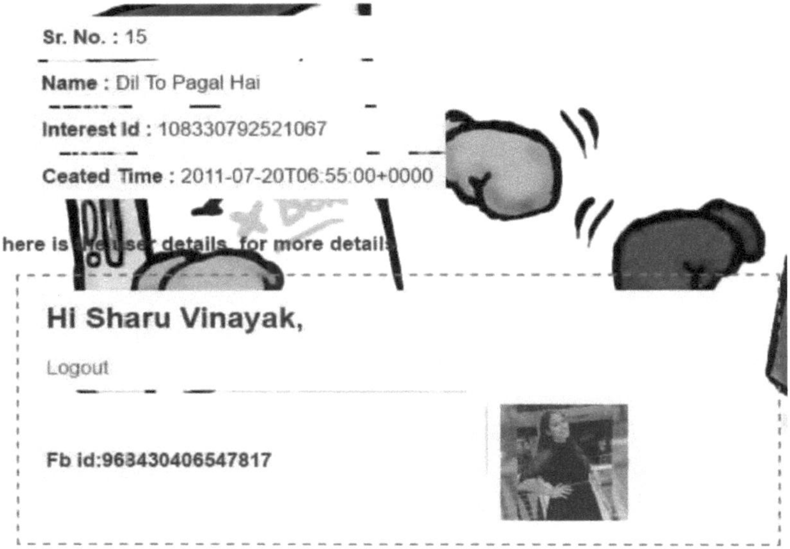

Fig. 4.10 Informações do utilizador

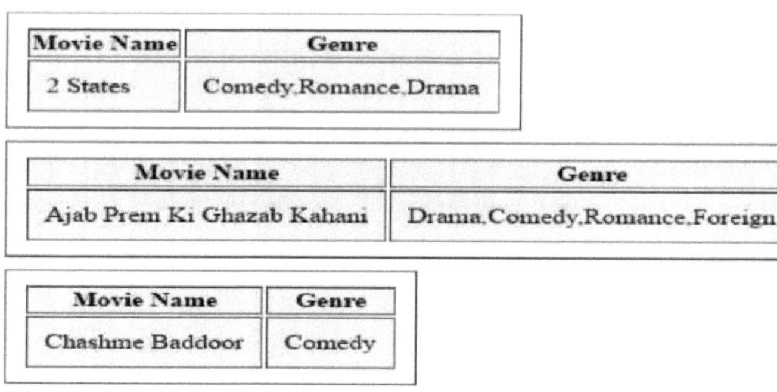

Fig. 4.11 Detalhes do filme

Informação sobre livros recomendados em pormenor do género drama

Sr No	Book Title	Rating	Genre
1	The Angel Is Near	9.00	Drama
2	Standing Firm: A Vice-Presidential Memoir	8.00	Drama
3	Fast Women	10.00	Drama
4	Care Packages : Letters to Christopher Reeve from Strangers and Other Friends	8.00	Drama
5	Hush	9.00	Drama
6	Skin And Bones	8.00	Drama
7	1984 by George Orwell (English)	8.20	ACTION & ADVENTURE
8	1985 by George Orwell (English)	8.00	ACTION & ADVENTURE
9	1986 by George Orwell (English)	8.60	ACTION & ADVENTURE
10	"The Percy Jackson and the Olympians	8.40	ACTION & ADVENTURE
11	Maze Runner (Maze Runner Series)	8.00	ACTION & ADVENTURE
12	Where the Wild Things Are: Puzzle Book (English)	8.40	ACTION & ADVENTURE
13	A Storm of Swords: A Song of Ice and Fire: Book Three	9.00	ACTION & ADVENTURE
14	Alice in Wonderland Made Simple for Kids (English)	8.00	ACTION & ADVENTURE
15	La maldicion del Titan / The Titan's Curse (Percy Jackson and the Olympians)	8.60	ACTION & ADVENTURE
16	Alice in Wonderland (English)	8.00	ACTION & ADVENTURE

Fig. 4.12 Livros recomendados

4.3 Resultados
4.3.1 Avaliação dos algoritmos de recomendação

Quatro algoritmos de recomendação foram avaliados com base no RMSE, que é dado por

$$RMSE=\sqrt{\frac{1}{n}\Sigma_{u,i}(p_{u,i}-r_{u,i})^2} \qquad (9)$$

Os resultados da avaliação são os apresentados na Fig. 4.13.

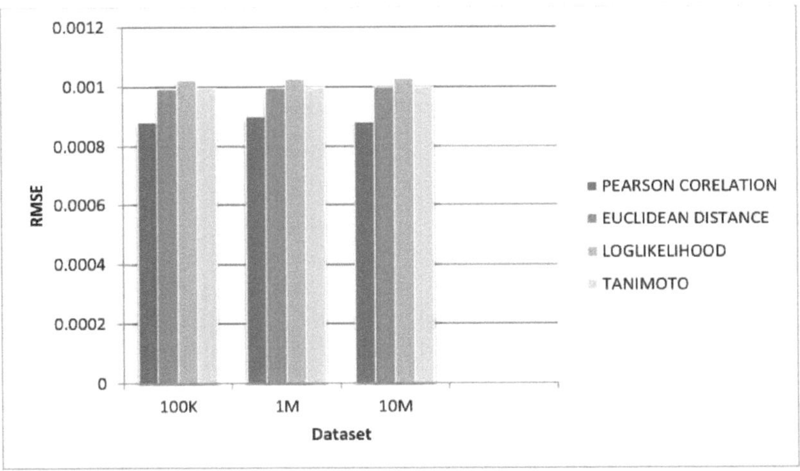

Fig.4.13 Resultados da avaliação dos algoritmos de recomendação

4.3.2 Avaliação do sistema proposto

Os resultados do sistema de recomendação são avaliados com base em quatro parâmetros, nomeadamente

- Precisão: é a medida de quantos itens foram corretamente recomendados.

$$Precision = \frac{correctly\ recommended\ items}{total\ number\ of\ recommended\ items} \qquad (10)$$

- Recall: é a medida do número de resultados positivos correctos dividida pelo número de resultados positivos correctos.

número de resultados positivos que deveriam ter sido devolvidos.

$$Recall = \frac{correctly\ suggested\ items}{number\ of\ positive\ results\ that\ should\ have\ been\ returned} \qquad (11)$$

- Medida F: é a precisão do teste e é dada por:

$$F\text{-}measure = 2\,\frac{precision * recall}{precision + recall} \qquad (12)$$

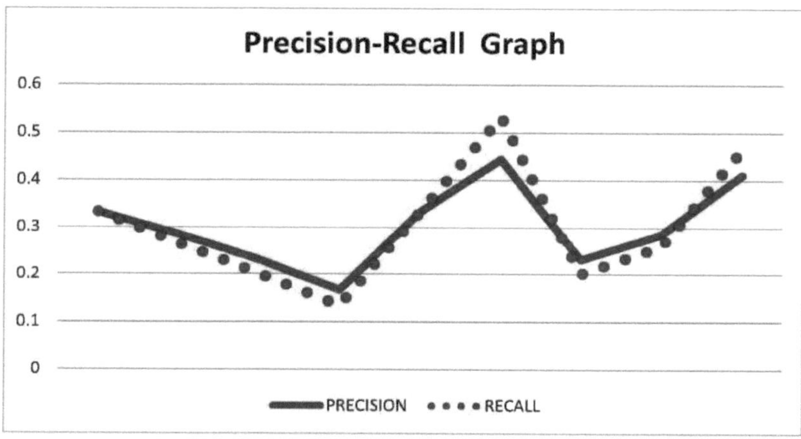

Fig. 4.7 Gráfico de precisão-recall

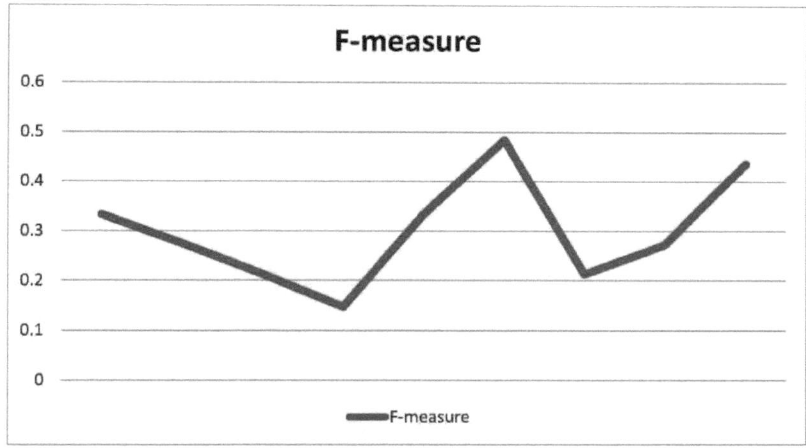

Fig.4.8 Gráfico da medida F

CAPÍTULO 5

CONCLUSÃO E ÂMBITO FUTURO

Este capítulo descreve sucintamente a conclusão de todo o projeto, indicando que técnicas foram utilizadas e como se revelaram benéficas. Também dá um vislumbre do trabalho futuro, indicando que mais trabalho pode ser feito neste domínio no futuro.

5.1 Conclusão

Foi proposta uma ncva ideia que trabalha em duas questões de investigação relacionadas com a RS e também tenta resolver os problemas comuns enfrentados em termos de RS, ou seja, o problema do arranque a frio. O nosso sistema fez justiça ao enunciado do problema e funciona de forma eficiente; uma vez que todos os dados sobre o utilizador e os filmes são obtidos a partir de portais em linha, reduz o problema do arranque a frio e o problema da esparsidade. Além disso, como os resultados mostram, o sistema proposto tentou dar o seu melhor nas recomendações de domínio cruzado e na integração de redes sociais com RS.

5.2 Âmbito de aplicação futuro

Devido às permissões de segurança em várias contas de utilizador no Facebook, apenas alguns utilizadores participaram na avaliação do nosso sistema. No futuro, o número de utilizadores pode ser aumentado; o comprimento da base de dados de livros também deve ser aumentado para obter melhores resultados.

REFERÊNCIAS

[1]   Resnick, Paul, e Hal R. Varian. "Recommender systems" (Sistemas de recomendação). *Communications of the ACM 40,* no. 3 (1997): 56-58.

[2]   Sarwar, Badrul, George Karypis, Joseph Konstan, e John Riedl.*Application of dimensionality reduction in recommender system-a case study.* No. TR-00-043. Minnesota Univ Minneapolis Dept of Computer Science, 2000.

[3]   Good, Nathaniel, J. Ben Schafer, Joseph A. Konstan, Al Borchers, Badrul Sarwar, Jon Herlocker e John Riedl. "Combinando filtragem colaborativa com agentes pessoais para melhores recomendações". Em *AAAI/IAAI*, pp. 439-446. 1999.

[4]   Chang, Na, Mhd Irvan e Takao Terano. "Uma estrutura de recomendação de programas de TV". *Procedia Computer Science* 22 (2013): 561-570.

[5]   Shani, Guy, e Asela Gunawardana. "Evaluating recommendation systems". Em *Recommender systems handbook*, pp. 257-297. Springer US, 2011.

[6]   Li, P. E. N. G., e S. E. I. J. I. Yamada. "Um sistema de recomendação de filmes baseado na aprendizagem indutiva". Em *Cybernetics and Intelligent Systems, 2004 IEEE Conference on*, vol. 1, pp. 318323. IEEE, 2004.

[7]   Buchanan, George, Sarah Farrant, Matt Jones, Harold Thimbleby, Gary Marsden e Michael Pazzani. "Improving mobile internet usability" [Melhorar a usabilidade da Internet móvel]. *InProceedings of the 10th international conference on World Wide Web*, pp. 673-680. ACM, 2001.

[8]   Perny, Patrice, e Jean-Daniel Zucker. "Pesquisa baseada nas preferências e aprendizagem automática para filtragem colaborativa: o sistema de recomendação de filmes "film-conseil"." *Information, Interaction, Intelligence* 1,no. 1 (2001): 9-48.

[9]   Grant, Shawn e Gordon I. McCalla. "Uma abordagem híbrida para fazer recomendações e a sua aplicação ao domínio do cinema". In *Conference of the Canadian Society for Computational Studies of Intelligence*, pp. 257-266. Springer Berlin Heidelberg, 2001.

[10]   Colombo-Mendoza, Luis Omar, Rafael Valencia-Garcia, Alejandro Rodriguez-Gonzalez, Giner Alor-Hernandez e Jose Javier Samper-Zapater. "RecomMetz: A context-aware knowledge-based mobile recommender system for movie showtimes". *Expert Systems with Applications* 42, no. 3 (2015): 1202-1222.

[11]   Pera, Maria S., e Yiu-Kai Ng. "A group recommender for movies based on content similarity and popularity" [Um recomendador de grupo para filmes baseado na similaridade e popularidade do conteúdo]. *Information Processing & Management* 49, no. 3 (2013): 673-687.

[12]   Swearingen, Kirsten, e Rashmi Sinha. "Design de interação para sistemas de recomendação". In Designing Interactive Systems, vol. 6, no. 12, pp. 312-334. 2002.

[13] Li, Qing, Sung Hyon Myaeng, e Byeong Man Kim. "A probabilistic music recommender considering user opinions and audio features." Information processing & management 43, no. 2 (2007): 473-487.

[14] Ardissono, Liliana, Cristina Gena, Pietro Torasso, Fabio Bellifemine, A. Chiarotto, Angelo Difino e Barbara Negro. "Recomendação personalizada de programas de TV". No Congresso da Associação Italiana de Inteligência Artificial, pp. 474-486. Springer Berlin Heidelberg, 2003.

[15] Winoto, Pinata, e Tiffany Tang. "Se gostar do livro O Diabo Veste Prada, também vai gostar do filme O Diabo Veste Prada? um estudo de recomendações entre domínios." Novo

Generation Computing 26, no. 3 (2008): 209-225.

[16] Yazdanfar, Nazpar, e Alex Thomo. "Link recommender: Collaborative Filtering for recommending URLS to Twitter users." Procedia Computer Science 19 (2013): 412-419.

[17] Zheng, Deli, Feng Tian, Jun Liu, Qinghua Zheng e Jiwei Qin. "Emotion chat: A web chatroom with emotion regulation for e-learners". Physics Procedia 25 (2012): 763-770.

[18] Dutta, Pallab, e A. Kumaravel. "Uma nova abordagem para a identificação baseada na confiança de líderes em redes sociais". Indian Journal of Science and Technology 9, no. 10 (2016).

[19] Puglisi, Silvia, Javier Parra-Arnau, Jordi Forne e David Rebollo-Monedero. "On content-based recommendation and user privacy in social-tagging systems." Computer Standards & Interfaces 41 (2015): 17-27.

[20] Umanets, Artem, Artur Ferreira, e Nuno Leite. "GuideMe-Um guia turístico com um sistema de recomendação e interação social". Procedia Technology 17 (2014): 407-414.

[21] Amato, Flora, Angelo Chianese, Antonino Mazzeo, Vincenzo Moscato, Antonio Picariello e Francesco Piccialli. "O projeto do museu falante. "Procedia Computer Science 21 (2013): 114-121.

[22] Wang, Yi-Fan, Yu-Liang Chuang, Mei-Hua Hsu e Huan-Chao Keh. "Um sistema de recomendação personalizado para o sector da cosmética". Expert Systems with Applications 26, no. 3 (2004): 427-434.

[23] Reddy, C. Abilash, e V. Subramaniyaswamy. "Um sistema melhorado de recomendação de pacotes de viagem baseado em dados sociais dependentes da localização". *Indian Journal of Science and Technology* 8, no. 16 (2015): 1.

[24] Zheng, Yu, Yukun Chen, Xing Xie, e Wei-Ying Ma. "GeoLife2. 0: a location-based social networking service". In *2009 Tenth International Conference on Mobile Data Management: Systems, Services and Middleware*, pp. 357-358. IEEE, 2009.

[25] De Nart, Dario, e Carlo Tasso. "Um sistema de recomendação personalizado orientado por conceitos para bibliotecas científicas". *Procedia Computer Science* 38 (2014): 84-91.

[26] Chandak, Manisha, Sheetal Girase e Debajyoti Mukhopadhyay. "Introduzindo técnica híbrida para otimização do sistema de recomendação de livros." Procedia Computer Science 45 (2015): 23-31.

[27] Salehi, Mojtaba, Mohammad Pourzaferani, e Seyed Amir Razavi. "Sistema de recomendação baseado em atributos híbridos para material de aprendizagem utilizando algoritmo genético e modelo de informação multidimensional." *Egyptian Informatics Journal* 14, no. 1 (2013): 67-78.

[28] Salter, James, e Nick Antonopoulos. "CinemaScreenrecommender agent: combining collaborative and content-based filtering." *IEEE Intelligent Systems* 21, no. 1 (2006): 35-41.

[29] Castro-Schez, Jose Jesus, Raul Miguel, David Vallejo, e Lorenzo Manuel Lopez-Lopez. "Um sistema de recomendação altamente adaptável baseado na lógica difusa para portais de comércio eletrónico B2C". *Expert Systems with Applications* 38, no. 3 (2011): 2441-2454.

[30] Ya, Luo. "A comparação da recomendação de personalização para o comércio eletrónico". *Physics Procedia* 25 (2012): 475-478.

[31] Ronca, Davide, Armando Calvanese, e Cosimo Birtolo. "Uma estrutura flexível para recomendações conscientes do contexto no domínio do comércio social". In *Proceedings of the Joint EDBT/ICDT 2013 Workshops*, pp. 105-110. ACM, 2013.

[32] Schafer, J. Ben, Joseph A. Konstan e John Riedl. "E-commerce recommendation applications." Em *Applications of Data Mining to Electronic Commerce*, pp. 115-153. Springer US, 2001.

[33] Lang, Tingting e Bhumika Gupta. "The human resource issues and their impact on firm growth in small e-businesses in China." *Indian Journal of Science and Technology* 8, no. S4 (2015): 135-144.

APÊNDICE

[1]   Sharu Vinayak, Rahul Singh. "Recommender Systems: A Survey. "*International Journal of Computer Systems (IJCS)*: 144-148.

[2]   Vinayak, Sharu, Richa Sharm e Rahul Singh. "Cross Domain Recommender Systems: A Review". *IJRCCT* 5, no. 6 (2016): 325-330.

[3]   Richa Sharma, Sharu Vinayak, Rahul Singh, "Recommender Systems: From Achievements to Requirements", International Journal of Engineering Development and Research *(IJEDR)* ISSN:2321-9939, Vol.4, Issue 3, pp.43-47.

[4]   Vinayak, Sharu, Richa Sharma e Rahul Singh. "MOVBOK: Um sistema de recomendação de domínio cruzado baseado em rede social personalizada. "*Indian Journal of Science and Technology* 9, no. 31 (2016).

I want morebooks!

Buy your books fast and straightforward online - at one of world's fastest growing online book stores! Environmentally sound due to Print-on-Demand technologies.

Buy your books online at
www.morebooks.shop

Compre os seus livros mais rápido e diretamente na internet, em uma das livrarias on-line com o maior crescimento no mundo! Produção que protege o meio ambiente através das tecnologias de impressão sob demanda.

Compre os seus livros on-line em
www.morebooks.shop

Printed by Books on Demand GmbH, Norderstedt / Germany